AF283009

Amanece en mi
EXTREMADURA

Emilia Crego Justo

Autora: María Emilia Crego Justo

Edición: Cristina Medrano
ISBN: 979-13-990554-0-5
Depósito legal: BA-000371-2025
Primera edición, 2025
editorialcuatrohojas.com / info@editorialcuatrohojas.com

PRÓLOGO

Amanecí en **Extremadura** meciéndome en el regazo
de una madre. Me dejé llevar con pasos lentos y
polvorientos sobre un claro bosque de encinas. Me
brotaron las flores en primavera entre el calzado
y las costuras del alma. Fui adentrándome por
aguas dulces y serenas, otras bravas rompiendo
el silencio. La tarde se vistió con cálidos aromas a
tierra impregnada de jara, de brezo y amapola. Las
luces se vistieron rosadas y dieron paso a la noche
serena y, con una ligera brisa en el rostro, que me
despertó de mis recuerdos en la tierra que me vio
nacer, despertar y vivir.
ESA ES MI EXTREMADURA.

María Emilia Crego Justo

ÍNDICE

AMANECE EN MI EXTREMADURA

Sol que abona la tierra,
agua que baja de la sierra para calmar la sed.
Los pájaros cantan viendo llegar la primavera,
pinceladas de color que resaltan la belleza.

Mi Extremadura, la que guarda los templos,
fortalezas que echaron raíces
y alas que mantienen sus torres.

En Extremadura se celebra su día más grande,
se visten con sus jatos nuevos,
entonan cánticos de nuestra tierra.
Desde el día hasta la noche se canta,
por los caminos y veredas de nuestra tierra.

Bajan aires de la sierra,
el sol guarda su potente luz,
los caminos se recogen y
las sombras dan paso a la noche,
noches de mi Extremadura.

ABRO MI VENTANA A LA LUZ

Luz que llegas de buena mañana
con destellos en los labios pintados,
en el pelo luminoso y suave,
en el rostro marcado por la feliz dicha,
dicha de ser amado.

Los ojos vienen a quererte,
a mimarte
y a sentir que eres parte de una ilusion que nace.

CAMINO ENTRE LA JARA

Siento un latido muy hondo,
siento la caricia de un beso,
siento el murmullo que se acerca.

Camino entre la jara, el romero y la hierbabuena,
mis pasos me guían entre las encinas
con aroma a manzanilla.
Entre tallos verdes y nubes blancas,
me dejó llevar por el dulce aroma
a flor recién cortada.

Me nacieron flores en el pelo,
el agua calma la tierra,
un día más quemando la piel
y ahogando las penas entre el arado y la tierra.

El sol se esconde ocultando su fuerza,
la tierra duerme serena,
la acompañan las criaturas de la noche con sonidos
que emiten bajo las estrellas.

RENACER

Por mi calle la vieron pasar,
no reflejaba la lozanía,
el corazón vacío al despertar.

Le cortaron las alas,
alas para soñar, brazos caídos,
cuerpo cansado, se dejó llevar
queriendo reposar.

El manto de hojas cubría
el negro y frío invierno;
en ese cuerpo menudo sentía

las entrañas de la tierra renacer
al despertar de un mal sueño;
el campo volvió a florecer.

¡CAMINO QUE SIENTO!

Siento el perfume al caminar,
siento la tierra amanecer,
despierta mis sentidos,
y me llena de gozo.

BORDANDO LOS SUEÑOS

Surcos en la frente,
surcos en la cara
y, entre el sembrado, los surcos.

El día amanece con cánticos,
los mozos les cantan a las mozas,
y ellas con la cara sonrojada.

Echan cuenta entre las familias
que, para casarse,
la cosecha recogida
y el grano en el pajar.

No tardarán en salir de ronda los muchachos.
En cuanto las luces de los caminos se recojan,
vendrán buscando a la muchacha
y ella guardará su presencia.

Es una chiquita de piel clara,
de ojos como la miel
y su pelo largo doblado en una sola trenza.

Por el día se afana en las tareas del hogar;
en las tardes los dedos de sus manos
se enredan entre los encajes de bolillo.

Varios años bordando los sueños
para camas de forja
y almohadas de algodón.

CAMINOS ES...

La sonrisa pintada en la cara,
los recuerdos amargos,
el perfume de las flores
y la luz de la mañana.

El canto de los pájaros,
el aire fresco,
la hierba mojada
y el manantial de agua fresca.

Tardes de sol,
cielo estrellado,
nubes de algodones
y nubes con alas negras.

Caminos de luz,
caminos de sol,
caminos de niebla,
caminos de nubes, lluvia y hierba mojada
de flores y de aire en la montaña.

Y ¡por qué no!
Caminos de piedras y tormentas
que acechan en el horizonte.

DE RONDA

Las primeras luces entran
por el pórtico de una ventana,
el perfume de la lavanda,
el pañuelo plegado sobre los hombros
y un par de pendientes brillantes como el sol.

En el pelo luce unas ondas que se recogen en unas
horquillas,
la cara con una pizca rosada en la mejilla,
los ojos como el azabache
y en los labios una leve sonrisa.

La hija del alguacil y la del alcalde,
esas mocitas que ya cumplieron los quince años.
Se oyen repicar las campanas de la iglesia
y alegres caminan por las calles empedradas.

Entre risas cruzan sus miradas.
Los chicos descansan al borde de la fuente;
ellas aceleran el paso
y ellos con descaro les dicen:

«¿Dónde va tanta hermosura?
Del botijo os dejo beber,
que esos labios, morena mía,
míos deben ser.

Mi amigo se está reservando para la hija del alcalde,
Como moza no está mal.
Yo te deseo a ti, princesa mía,
tan lozana que pareces de porcelana
y tan bella como una flor,

no desees otro hombre,
no te andes con enredos,
que no te vea hablarle al hijo del enterrador».

«¡Anda, malaje! ¿No te da vergüenza?
Hasta que no cumplamos los vente,
no podemos acercarnos,
y solo en las fiestas de San Sebastián,
cogidos de la mano en un corro de muchachas y
muchachos».

«Antes te rondaré, morena,

en el pórtico de la casa te he de esperar

a que salgas a recibirme y un beso te he de robar».

«Un cántaro de agua fresca te estará esperando

para que cojas el frío y las fiebres no te dejen
dormir.

¡Así aprenderás, malaje!, a respetar a una señorita-

No veo la hora de verte mojado como una sopa

y reírme de tus andanzas».

«Solo, amor mío, si tú me lo permites, iré a verte

cuando la luna me guíe hacia el candil de tu alcoba.

En tus sábanas blancas me quisiera envolver

para acariciar tu cuerpo y sentir tus caricias

y el deseo de unos labios que se hacen esperar».

«Hablar de lo que nos depare el futuro…

Es incierto el destino,

hay que esperar a desposarnos como Dios manda y
la Santa Iglesia

y, con suerte, estrenar el ajuar».

AQUEL AYER

No hubo tiempo de espera,
los sollozos y quejidos se tiñeron de risas,
recuerdos de tu infancia y tu vida
en una tarde que dejó ver ligeramente
el sol por la ventana.

Recuerdo aquel día con añoranza,
feliz de revivir tiempos pasados,
en busca de una frase deseada
y con el brillo rosado en tu cara.

Fue nuestro momento *madre mía*
con la mirada perdida,
tus recuerdos, los míos
y los que se quedaron en el olvido.

DÍAS DE FRÍO INVIERNO

Dulces momentos al calor de una hoguera
con los huesos calados
y con el cuerpo encogido debajo de una chamarra.

El agua corría por las regateras,
un gato pardo
entraba veloz por la gatera de una puerta,
esas puertas de cerrojo y postigo
que guardaban el calor de un hogar humilde.

Casas al abrigo de un fuego a media tarde
donde se cobijan los cuerpos cansados,
hombres y mujeres con la pena en su alma,
y en el regazo de un mandil
se les dio calor a los retoños.

Padres y madres que pasaron
por el extremo frío y calor
para darles el sustento a sus hijos
avisados por la llegada de la cigüeña
y la dulce espera.

En camastros desgastados por el paso del tiempo,
durmieron los pequeños;
los más mayores ayudaron en las tareas del hogar,
y los padres y demás familia
echaban cuenta de la cosecha.

Fue año de nieves, de frío, escarcha y lluvia,
y en los dobles del techo se colgaba la chacina
para dar alimento a la familia.

Dieron gracias que había comida;
ese año no vistieron con zapatos y ropas nuevas,
se volvió a remendar lo descosido
y en los zapatos, con suerte, una suela nueva.

Caminaron con los pies descalzos,
con el perfume a lavanda
y el corazón lleno de amor y dulzura.

EL SOL DE LA MAÑANA

Llegan viajando las nubes,
vienen con cánticos nuevos
a despertar los sueños,
a soñar sin almohadas,
a sentir el viento.

Llega el aire de la sierra
refrescando la mañana
en paseos bajo un manto verde
por caminos y veredas.

Despierta el campo cada mañana,
entre las orejas de un borrico se ven las flores crecer,
se oye trinar a los pájaros entre las ramas
y me acompañan con nuevas melodías.

Se respira paz,
bajo el sol todo es vida,
bajo el agua serena los pies descalzos
y, para calmar la sed, el puchero y el botijo.

Las nubes blancas acarician levemente el sol de la
mañana,
sol que abona la tierra
en mañanas de sementera.

LA COSECHA

Un pozo de agua fresca,
fiesta de la primavera
y fiesta del verano.

Vida en las calles,
el rudo campo sembrado,
mujeres y hombres se afanan
en recoger la cosecha.

La mano encallada
rompiendo la tierra,
sombreros, camisas
y pantalones remendados.

El agua fresca,
la chacina recién cortada
y un ratito de reposo
para descansar de tan dura tarea.

LA LLUVIA SOBRE EL CRISTAL

Se desliza con suaves movimientos,
contonea el impulso para deslumbrar,
centellea con un hilo de luz,
por un caminito se deja caer.

La vemos llegar
por el cielo gris;
llegará como los pájaros,
en manadas.

Caen sus gotas,
mi cuerpo, mis manos y mis prendas
las dejo humedecer,
siento el frío bajo la piel mojada
y temblar de emoción.

LA NIÑA QUE LLEVO DENTRO

Me encuentro con el pasado;
el presente ya viene
con pasos lentos.

Los que se fueron
tenían miedo a quedarse,
y los que vendrán
esperan su turno.

LA VIEJA CASA

Nos ha servido de refugio,
en la tarde nos acompaña
el calor del fuego,
las nubes grises se alejan
y el cielo se viste de azul.

El sol luce con destellos,
las gotas de agua
sobre el verde de los campos y,
en lo más alto del horizonte,
un arcoíris de colores.

¡Regalo de una tarde de Primavera!

LA TIERRA DESEADA

Caminando entre regatos y cascadas,
bajo el sol del mediodía,
en las llanuras se respira el amor y la belleza.

En el valle, el cerezo en flor,
de la robustez de sus ramas prenden
la flor tan esperada,
es esta tan delicada como hermosa,
representa lo fugaz que es la vida.

Un manto blanco cubrirá los valles,
la flor se desprenderá del árbol;
con esta nevada da comienzo la primavera.

En días de lluvia, el valle muestra la tristeza
y la flor resalta para dar color;
vendrán más primaveras
en días de sol y lluvia.

El fruto es el regalo que el hombre
cuida con esmero,
para nuestro deleite,
en esta tierra tan querida.

Extremadura, tierra de recursos,
de gente admirable y generosa,
la tierra que conquista al visitante
y la tierra deseada.

LAS FLORES CAMINAN

El viento las lleva sentadas,
las nubes las deja reposar,
el sol las guía hacia el horizonte
y la noche las invita a brillar.

¡Regala flores al caminar!

LLEVO MI CRUZ

En días fríos, amanece la escarcha
sobre el cristal,
el humeante olor a café
que filtra su aroma.

Unos cuantos clientes de un bar
dejan reposar sus manos en torno a una taza,
guardan el calor para llevárselo
entre las mangas de una camisa.

El tránsito de gente a través de una ventana
va y viene,
el pan en el horno y la cesta llena.

Viendo las noticias, doblo las hojas,
la tristeza se adueña en silencio.
Camino dejando el aroma prendido en el aire,
y en ese caminar llevo mi cruz.

LLUVIA DE MAYO

Flores en el campo,
flores en el pelo;
en el canasto, el olor a jara;

en el lavadero, el lienzo blanco,
el aroma a lavanda
impregnando las prendas más delicadas.
Se afanan antes que lleguen las lluvias.

Entre claros, sombras y nubes negras,
entre la hierba y las retamas,
la pureza prendida con tintes de colores.

La más atrevida se ha bañado en el río.
Entre todas hacen un círculo,
no son más de cinco o seis.

La ropa mojada se desliza por su piel
y, con el olor de las orquídeas, abriga su cuerpo.

La lluvia no tardará en llegar
colmando de gotas los colores
rojos, amarillos, violetas y blancos,
lluvia de mayo que moja los campos.

MI DULCE COMPAÑÍA

Tantas piedras en el camino...
Aquello que dolió quedó adormecido,
nunca olvidé.

Recuerdo las imágenes reproducidas,
su mejor cara y el mejor vestido.
Son momentos de ternura y de sanar las heridas,
esos momentos íntimos
cuando cae una lágrima.

La nostalgia araña el corazón y lo hace pequeño.
Cuando reímos, el corazón se abre
para mecer nuestro cuerpo con cánticos
y con el gozo de festejar con alegría.

Mis pasos me llevan a descubrir el tiempo pasado,
los caminos conducen a los mismos lugares
donde nos encontramos con la energía de un niño
y vivimos en la plenitud de nuestras vidas.

Se fue mi dulce compañía,
al calor de un brasero vivimos emociones,
aventuras, sentimientos y un dolor.

El dolor del pan, de los hijos y una nueva ilusión,
nuevas raíces en los árboles
que crecen para dar cobijo aquellos que no esperan,
ver pasar la vida tranquila.

ME ACOMPAÑAS

Siento tu presencia,
me tiendes la mano para no caer,
me levanto.

Me acompañas y me das consuelo,
no quiero llorar.
te desconsuela.

MUJERES DEL LAVADERO Y LA CAL

Mujeres del lavadero y la cal.
En aguas tranquilas se oyeron cánticos populares.
Sobre los hombros, una prenda de abrigo
y un sombrerito de paja,
ropa que desprende el perfume de la primavera.

El canasto de mimbre realza el blanco,
la pureza de una mocita,
es un día alegre, como alegres cantaban los pájaros
entre el romero, el brezo y la jara.

La tarde se apaga con tintes rosados,
los colores de las muchachas resaltan en su rostro
y, por los caminos de tierra,
las vieron caminar
con sus canastos y sus brazos en cruz
fuertes como una roca.

Trajeron el aroma del campo,
la sonrisa de la inocencia
jubilosas en una tarde festiva
y los sueños entre las puntillas del refajo.

NOCHES DE LUNA

Noches de luna.
Con un candil en la mano,
la partera entra en las alcobas
en noches claras y frías.

Por las calles del pueblo la vieron correr
con las manos oliendo a retoño.
La pelliza sobre los hombros y, cubriendo su pelo,
un pañuelo con un ramillete de rosas bordadas.

En las alcobas la esperan al abrigo de una cama
y, de la única luz que alumbra un candil,
entre gritos y sollozos,
dan a luz las madres a sus criaturas.

Los niños están sanos y se alimentan de la madre,
bajo el pecho reciben el calor y el único sustento.
Las madres se recuperan
con el caldo de una gallina,
la más vieja del corral.

Entre baños de porcelana, un jabón oloroso
y prendas de lana y algodón.
No tardarán en que la feliz espera vuelva a llegar,
con niños de pecho y otros correteando
entre las faldas de la madre.

Ahora toca esperar otras nueve lunas,
y en esta última, potente y luminosa,
pasadas las doce de la noche,
se anunciará el feliz alumbramiento.

NUBES BLANCAS

En días de lluvia y viento,
los campos de algodonales quedan vacíos;
el blanco esponjoso lo acariciamos
al calor de un brasero.

Entre espinas, brota una rosa;
entre capullos negros, brotan las nubes,
nubes blancas sembradas en los campos.

Hoy luce el sol,
las nubes altas han viajado hacia otras tierras,
las que brotan de un arbusto,
nos regalaron el fruto deseado.

PÁJAROS SIN ALAS

Vivo en el recuerdo del ayer,
me quedé atrapada entre las rejas,
volví a sonreír.

La vida pasó dejando una estela.
Sentada, mirando mis manos,
contemplo el paso del tiempo.

Cuando las noches pasaron contando estrellas,
esperando brotó un suspiro;
ese suspiro fue la esperanza
de volver a vernos saltando paredes sin dueño,

trepando árboles sin ramas
Y, en las copas de los árboles,
nacieron las raíces como receptores
de pájaros sin alas.

PAN CON PAN

Cuando los días gélidos calan los huesos,
el puchero en la lumbre
y las migas de pan con vino,
pan con pan y en el puchero el caldo
para calentar el cuerpo.

En el caldo, la chacina de pata blanca,
las legumbres y el café,
el grano del café en el puchero.

El fuego se tiñe de negro,
abriga la estancia entre paredes de piedras,
los hombres y mujeres se reúnen
para dar abrigo a un cuerpo descosido,
roto y remendado.

Remiendos que cubren los huesos encorvados,
la piel curtida y áspera,
surcos en la frente y los ojos tímidamente cansados.

Tú, que fuiste madre, padre e hijo,
ahora te apoyas en un bastón de madera
para guardarte de no caer
y no volver a sentirte como un niño.

SENTÍ TUS CARICIAS

Cubrí mi cuerpo con un tupido velo;
no quise verte sufrir,
solo sentí tus caricias
en tus manos y en tus palabras.

Tus ojos se fueron apagando
como quien sopla una vela;
entre sabanas frías,
yace un cuerpo sin vida.

En días fríos, tristes y sin luz,
las luces de un gélido pasillo
salen vestidas de blanco por un ventanuco;
el alma sale del dolor y el cuerpo descansa en paz.

UNA NOCHE MAGICA

La niebla púrpura cuelga densa,
sobre una noche mágica,
esta se viste de blanco,
caballos y jinetes portan un farol.

El estandarte se eleva,
la pólvora se difumina en la atmosfera.
y una estrella brilla con intensidad.

Las voces gritan,
las manos hablan y se tienden vacías,
para expresar lo que sienten.

En los balcones esperan la llegada,
de quien porta una imagen divina,
las estrellas cuelgan de las luces,
para ver llegar a un ser celestial.

SOÑÉ CON UN LUGAR MÁGICO

El grano en el puchero,
en la taza el café,
y en la mesa el verde oliva.

El verde que riega los campos de la Extremadura,
verdes llanos entre encinas que se levantan
con sus ramas robustas.
Entre la hierba, las patas negras de un jamón,
y en la mesa el oro verde
regado en platos de porcelana.

Caminando entre llanos, soñé que iba con los pies
desnudos
entre margaritas blancas y amarillas,
una amapola roja como el carmín de unos labios.

Mis pasos me guiaron entre encinas y alcornoques,
un regato de agua fresca despierta mis sentidos.
Dejé reposar mi cuerpo entre pinceladas
de colores y un manto verde.

En aquel lugar me sentí libre,
conectando con un trocito de mi tierra,
con las manos llenas de vida,
y del fruto que me cobijó aquella encina.

En aquel trocito de mi tierra,
arañé la tierra para echar raíces,
y aún sueño con aquel lugar mágico
que me llenó de vida.

VI LA VIDA PASAR

Sentada en un borrico,
vi la vida pasar aquel verano,
aguas dulces con el sabor de la tierra y el arado.

El polvo del camino quemó
la piel madura del viandante,
un pañuelito anudado en la cabeza
y, en las alforjas, la comida para el sustento diario.

Cuando aún no había amanecido
y apenas se veían las primeras luces de la aurora,
se incorporaban en silencio
los cuerpos de los camastros.

Se guardaban las viandas en las fiambreras
Y, con una prenda de abrigo sobre los hombros,
se iniciaba el camino a los lomos del borrico.

Un día duro de trabajo
recogiendo el fruto que fue sembrado,
los pies mojados por el agua del riego,
la azada corta el terreno
y, a su vez, cuidaba con esmero
las hortalizas sembradas.

Era hora de dar gusto al cuerpo
alimentándose sobre un pañito desgastado
y, en un madero,
en las tardes más calientes de aquellos veranos
se contaban aventuras,
y la familia colaboró en las tareas cotidianas.

Los más pequeños daban vueltas a una noria,
nos enseñaron a jugar en corro,
y al caer la tarde entrábamos con sigilo
en el gallinero.

En una cesta de mimbre,
se recogían los huevos entre la paja,
que serviría de alimento
para otro día duro de labranza.

El camino de regreso era mágico,

los pasos se alejaban de la huerta,

soñaba entre las orejas del borrico,

todo un mundo lleno de fantasía.

No deseaba cumplir más años.

En aquel trayecto de ida y vuelta,

en la frescura de los regatos vi las flores crecer.

En recuerdo de aquellas vivencias,

el camino se acorta,

y en los recuerdos queda la nostalgia

de aquellos años.